悩めるビジネスマン・ウーマンに贈る

ビジネスに失敗しないための

# ルールブック

楠本



澪標

目次

## 第二章　仕事のルール

## 第三章　ルールがない会社の損失を招いた四つの事例

⑦勘違いは嘘と一緒

⑧三年かけて教えて辞められたら教えた側のエネルギーの無駄使い

【結論】

おわりに

## はじめに

コンサルタント業を行っている中で、これまで様々な企業様の顧問をやってきました。

その際に、社長様や幹部、社員から多くの意見を聞いてきて、感じたことをまとめたいと思い、本書の出版に至りました。

企業様に伺って雑談する中で、「社長の言っていることが分かりにくい」、「社員たちに伝えるべきことが伝えきれていない」という話がよく上がっていました。

それはどうしてなんだろうと考えた時、昔であれば、「報告・連絡・相談」いわゆる『報連相』が基本という考えがありました。しかし、今のネット社会では、上司と部下の関係性というのは、潤滑油的なルールがありません。昔のように「報告しなさい、連絡しなさい、相談しなさい」というのは簡単ですが、それは「いつ、どのようにすればいいのかが分からない」という若い人が多いように思います。

そこで、『報連相』をもっと分かりやすい言葉に置き換えてみたらどうだろうと考えてみました。それがビジネスマンとしての『ルール』です。『ルール』にすると、上司にも部下にも受け入れやすく、お互いに何かあってもそれは『ルール』なんだからみんなで守っていこうという共通の認識ができてきます。そうすると仕事が進めやすくなります。

今の若い人たちは、一つの会社で定年まで働くという概念も希薄で、ある程度のキャリアを積んだら転職することが多いと感じています。そうすると、今まで手塩にかけて育ててきた上司にとっては、今まで教えてきたことは間

違っていたのか、その人に合っていなかったのかなど、自責の念にとらわれてしまいます。

一方、退職する方にお話しを聞くと、「この会社では自分が成長できない」と言うのです。これはどういうことかというと、「上司が叱ってくれない」、「上司が頼りなく思えた」といった返答が返ってきました。こういったことは、上司と部下との考え方の違い、まさにルールの認識の違いです。

ならば、新人が入った時点で、『報連相』以外にもっと細かくルールを設定して教育をしていった方がいいのではないかと思いました。それは、社内独自のルールではなく、一般論の要素を含めたルールです。

一般論を含めたルールというのは、社内での行動的なルールだけではなく、取引先のお客様など世間が絡んできた時のルールです。それは企業対企業の他にも、工事現場の職人さん、病院と患者さん、事務職の人であったとしても、ルールがあれば、それぞれに当てはまるものがたくさんあります。それを分かりやすく本書で伝えていければと考えています。

上司が本書を一度読んでいただければ、部下への指示が変わる、部下が読んだら基本的なビジネスのルールが分かってくるのではないかと思います。「これぐらい普通分かるでしょう」の考えをなくし、きちんと言葉で伝えて、ビジネスマンの共通用語として広めていきたいと考えています。

カバーデザイン―――平松美奈子

# 第一章　基本的な五つのルール

一番最初に伝えたいのが、五つのルールです。これは、上司も部下も会社のルールとして、基本中の基本のことだと思います。この基本的ルールが分かってもらえたら、まずはコミュニケーションがとりやすくなります。

## （一）見たら言う

**責任転嫁と思われても、どんなささいなことでも、変化があったら言う。第一発見者であれば、報告の義務があります。**

まずは『見たら言う』。これは言葉の通りです。見たことを報告すればいいだけです。

例えば書類があったとします。それを見たら、「こういう書類を見ました」と伝える。そうすることで、言われた方は、「じゃあ、こうしましょう」と伝えることができます。他にも、現場でできていないことを見つけたら、「ここができてないですよ」と上司に報告をする。上司はそれに対処ができます。まさに『報連相』の『報告』です。見たことに対して『第一発見者は言わないといけない』。報告の義務があるということです。

工事現場で現場監督や職人が状況を見に行った場合も同じです。その

時の状況を取りまとめ役である会社の上司、外部の方たちであれば、発注元の会社に報告しなければいけません。

『見たら言う』を実行することで、上司にその責任が転嫁されます。転嫁されるというのは、報告者を守る、報告者も自分自身を守るということなのです。どんな些細なことでも少しの変化があれば、その都度すぐに伝えることで、余計な心配をすることもなく、よりスムーズに仕事ができていきます。

特に新人は、まだ自分で判断して動く力を持っていないので、きちんと報告してどうやっていったらいいのかの判断をもらうことが大切です。そうすることで新人といえども、その会社にいることの存在価値が生まれてきます。

## （二）聞いたら言う

**責任転嫁が生まれますが、いい結果が出ます。**

次に『聞いたら言う』。これは、社員やスタッフの誰かがお客様や業者から質問を受けたり、何か報告があったりした場合のことです。『聞いたら言う』ことによって、これもいい意味での責任転嫁ができます。会社の中で伝えた場合、最終的に耳に入り、判断するのはその会社の長です。業者やメーカー、お客様から聞いたことを伝えることによって、会社としての判断に変わるので、報告者の責任がそこで消えます。

しかし、気をつけなければいけないのは、責任が転嫁されるといっても、報告者はその内容が会社にとって、どこまで重要なことなのかをしっかりと考えて、報告をする責任が生まれています。

その責任を避けることができるのは、すぐ報告をしたかどうかです。聞いた内容を後になって「そういえば、こんなことを言っていましたよ」というような報告だと時間が経っているので状況が変化している可能性があります。そうなると責任転嫁したつもりが、責任が戻ってきてしまうことだってあります。

こうして上司に報告をすることは、報告者の社内での存在価値がここでも生まれます。『見たら言う』『聞いたら言う』というのは、社会人としてキャリアのある人なら当たり前のことすぎて、最初に述べたように、「これぐらい普通分かるでしょう」となってしまいがちですが、基本中の基本だからこそ、伝えなければいけません。『見たら言う』『聞いたら言う』を徹底的に実行する。それができるかできないかによって、責任転嫁の意味が大きく変わってきます。いい方に転んだとすれば、報告者自身も仕事を理解できるようになります。

そして、上司に報告することによって、自身の社内での存在価値を築くことができると理解していただきたいと思います。

## （三）分からなかったら聞く

**素直に聞くことが成長の機会を作ります。**

次に『分からなかったら聞く』。仕事で分からないことがあったらすぐ聞けばいいだけなんです。これも当たり前すぎて、聞いてこない人に疑問を思う人もいるでしょう。でも聞けない人もいます。聞かない人は、「こんなことを聞くのはおかしいんじゃないか」、「聞いたことで何か言われたら嫌だな」、「こんなこと聞くのは恥ずかしい」と思っていることがあります。そういうことを考えずに、まずは『分からなかったら聞く』それだけでいいのです。分からないものを分からないまま放置していても意味はありません。

　特に新人の場合は分からないのが当たり前です。「すみません、ちょっと教えて欲しいのですが」と聞くことによって、上司はその素直さを評価し、聞けば聞くほど、理解しようとしている、やる気がある人間なんだと理解が深まります。また、聞く人にとってもそのスタンスが自身を強くし、成長の機会となります。『分からなかったら聞く』ということは、上司にとっても自身にとっても、大

切なルールであると重要視してほしいと思います。

## (四) 失敗したら言う

**素直さがあれば、損失を最小限に食い止められます。**

四つ目は『失敗したら言う』。誰しも失敗をした時、保身のために隠したり、言い訳を考えたりすることがあります。しかし、失敗こそ、何を置いても報告しなければ

ばいけないことです。それは、失敗したその人を守ることにもつながりますが、会社としては早ければ早いほど損失が最小限に抑えられるからです。失敗した時こそ、素直にありのままを報告することが重要です。

失敗したのに報告をしなかった場合、当然「なぜ言わなかったんだ」と注意され、時には罰を受けることもあるでしょう。会社の信用にも関わるからです。

新人なら、その失敗がどれほど重要なことかわからないでしょう。だからこそ、少しの失敗でも必ず報告しなければいけないのです。そうすることで、上司や会社は、「この人は信頼できる、きちんと失敗を報告してくれる」と安心感が生まれるのです。

失敗したことを報告するのは勇気がいることです。しかし、報告することで、自身の経験や知識ではできないこと、思いつかない方法で廻りはリカバリーしてくれるのです。だからこそ、失敗した時には、隠さず素直に報告することが大切です。

## (五) 放置しない

**後回しにしてしまうと忘れてしまうことがあります。**

『放置しない』というのは、仕事を後回しにしてしまう、忘れてしまうことをなくすことです。

例えば、「急ぎじゃないから」と言われた仕事を後回しにしてしまうと、いつの間にか忘れてしまうということはないでしょうか。これは新人ではなく、仕事に慣れてきた人によくあることで

す。「急ぎじゃない」と言われたことで、そこまで重要なことだと思っていない、そして「後ですればいい」と考えてしまうことで、ギリギリになって「なぜ言わなかったんだ」と責められてしまいます。

先述したように、『見たら言う』、『聞いたら言う』を放置してしまったことで、危険度が高くなって、会社の損失・信用問題にも発展するかも知れません。

後述しますが、『再確認する』ということが大切になってきます。「ちょっとこれが分からないので教えてほしいの

ですが」というと、上司によっては、「それ前に教えただろう、何回聞くんだ」って叱る人もいます。『見たら言う』、『聞いたら言う』、『分からなかったら言う』、『失敗したら言う』、『放置しない』を実践しているのですから、叱れるのは納得がいかないことでしょう。その時に使えるのが、『再確認なんですが』という魔法の言葉です。

「再確認なんですが、これでいいんでしょうか」、「再確認なんですが、こうでしたよね」と言われると、上司は、この人は仕事の理解を深めようとしている、もう一度聞いてくれている、慎

重にしようとしてくれているという印象に変わります。特に新入社員には『再確認なんですが』は助かる言葉だと思います。教えてもらったことに対して、失敗できないからこそ『再確認なんですが』という言葉を使ってほしいし、この魔法の言葉を使って、もし上司に叱られた場合は、その上司が仕事ができないダメな人なのではないかと思います。

『見たら言う』、『聞いたら言う』、『分からなかったら言う』、『失敗したら言う』、『放置しない』この五つがマスターできていると上司も楽になるのです。この五つが実は意外とできない方が多いと

感じています。もし転職した場合でも、この五つの基本ルールができていれば、できる人材だと思ってもらうことができます。社会人として、どんな業界にいたとしても、まずはこの五つが基本のルールだと思ってください。

第一章でお伝えした、『基本的な五つのルール』は、仕事だけではなく、人間関係にも関わる基本的なことでした。第二章では、仕事に関わるルールについてお伝えしていきます。

# 第二章　仕事のルール

## （一）するなと言ったらしない

上司から「これはするな」と言われたことはしないこと。そんなことは当然だと思ってしまいますよね。しかし、「そのままでいい」、「しなくていい」と言われたにも関わらず、してしまう人が意外と多いのです。

どういうことかというと、自身の理解度と上司の理解度の違いです。上司はこの人にはまだできないだろうなと思い、「しなくてもいい」という。しかし、良かれと思ってしてしまうということがあります。

しかし、「しなくていい」というのは、上司が仕事の流れを考えた時に判断したことです。それを流れが見えていない若い社員がしたところで、役に立つということはほとんどありません。それどころか余計な仕事を増やしてしまうことになってしまうかも知れません。「しなくていい」と上司が言うということは、その仕事に関して上司が責任を持つということなのです。

ではもし、「しなくてもいい」と言われたことが、自身の仕事の流れの中にあった場合はどうするかというと、「これはどうしましょうか」と一言聞けばいいのです。そうすることで、上司も「ごめん、これはまだできなかったから、しなくていい」と伝えることができます。

『するなと言ったらしない』は、単純ですが、実は奥深い言葉で、「しない」ではなく「してはいけない」ことなのです。しないというルールを守ることが大事であるということを、理解していただきたいと思います。

## （二）思いついたら、すぐメールか電話をする

これは、先ほどの『するなと言ったらしない』と同じことです。「こうしたほうがいいかな」と思った時は、メールか電話で報告すればいいのです。これは社外の方への報告であって、上司であれば、直接報告してもいいでしょうし、自身が社内にいないのであれば、メールか電話をしましょう。

作業をしている中で、この作業をするならば、こうしたほうが会社にとって得なことかもしれない、こうしたほうが楽にできるんじゃないか、そんな自分の考えを報告することも大切なことです。そこには、会社のルールはもとより、自分はこうしてみたほうがいいという考えを入れなければいけません。もしかしたら、その思いつきを報告することで、上司も「じゃあやってみようか」と言ってくれるかもしれないですから。

例えば、営業でA地区とB地区を担当しているとします。A地区は雨が降った後だから、外にあまり人がいないだろう。だったら、B地区から行動したほうがよくないだろ

うかということを思いついたとします。しかし、上司の指示はA地区から回るように言われている。だからA地区に行ってみたけど、案の定なかなか人が集まらない。そこで、A地区は今こういう状況だから、B地区から回ったほうがいいと思うということを、上司に報告して了解を得てから動けばいいのです。そうすることで、場合によっては効率よく仕事が進められることがあります。

## (三) 電話の報告にある『行きも帰りも』を知っていますか?

『行きも帰りも』というのは、上司から電話を受け、「分かりました」と答えるのが『行き』。『帰り』というのは、その指示に対して、自分が起こした行動を報告することを言います。上司から指示の電話があった場合、「分かりましたそうします」と行動します。その行動が終った後にすぐ上司に電話をかけて、その状況報告をする指示に対して、きちんと応答しなさいということなんです。

電話で指示を受けて何分か経って報告がないと、上司は「いつまでやっているんだ、報告はまだか」となりますよね。

例えば、上司の指示で取引先に電話をかけて確認しなければいけないことがあるとします。ところが担当者は不在で電話がつながらなかった。そういった場合、担当者が戻ってくるのを待って、話をするまで報告しないということではなく、「担当者がいなかったから話ができませんでした」という報告をしなければいけません。

これはできるようでできないことです。『帰り』の報告をすることによって、上司は安心を得られます。そして報告者に対しても、きちんと指示通りの動きができていることの確認にもなります。

## (四)電話、メール、FAXを大事にしてこそ一人前

ビジネスでの連絡ツールとしてよく使われるのが、電話とメール、FAXです。

電話がかかってきて取れなかった。着信履歴が残っているけど、今忙しくて電話ができないから後回しにしてしまうということがないでしょうか。メールも同じで、メールを受信しているのは分かっているけど、今は見れないから後で見ようという考え方をな

くしましょうということです。それが重要な要件であった場合、後に大変なことになるのは明らかです。

例えば、お客様からリフォームの依頼が届いた時に、自身で段取りをしないといけないので、まずはすぐに職人さんに電話をしました。そうして職人さんの確保ができます。しかし、それを後回しにしていると、もしかしたらタッチの差で職人さんの都合がつかなくなることもあります。そうなるかも知れないと考えると、早く電話をした方が、職人さんも早く動いてくれますよね。

要は、電話やメール、FAXが届いた時に、すぐに行動に移すことが大事なのです。後回しにすることで、自身のそして会社が損を受けるかもしれません。

こう書くと、何が何でも電話やメール、FAXにすぐ対応しなければいけないのかと思われるかも知れません。ですが中には現場に出ている人、電車や車で移動中の人なども多々います。そういった場合は、すぐに対応できなくても仕方ありません。できないのですから。現場に出ている人は、休憩の時しか見れないことも多々あるでしょう。電車内では電話はできないので、それも仕方のないことです。

ただ、一言「現場に出て確認が遅れました」、「移動中でしたのですぐに電話を取れなくて申し訳ありません」の言葉があるだけで、この人は連絡を大事にしているという印象を与えることができます。

『電話、メール、ＦＡＸを大事にしてこそ一人前』というのは、連絡ツールを大事に考えなければ一人前に仕事ができないということです。この連絡ツールには、重要な情報がたくさんあるものと考えて、大事にしていただきたいと思います。

## （五）謙虚さを持つ

『謙虚さを持つ』ということは、ビジネスにおいて、大事なことです。その理由は、謙虚さを持つことで、上司や取引先など周りの人たちから可愛がられるかどうかにつながるからです。

『謙虚さ』というのは、廻りを立てることだともいえます。廻りを立てて、自分は謙虚に振る舞うことで、結果、何かしら得をする、恩恵を受けられるに繋がっていきます。

得というのは、自分の廻りから見た評価です。「あなたがここまで頑張ったんだからできたんだよ」、「偉いね、頑張ったね」って、謙虚さのある人には、応援したくなる気持ちが芽生えてくるものです。自分が頑張ったんだというアピールも大事なことですが、

謙虚さがあることで、廻りの人たちから自分を認めてもらいやすくなると思います。

その結果、認めてもらえることで、仕事をもらったり、困った時に助けてもらえたり、融通をきかせてくれたりすることもあります。

相手のほうが立場が上だからとか関係なく、偉そうにするのではなく、謙虚さを持って人に接することは、廻りの人は必ず見ています。そしてそれが社会人になっていく、大人になっていく上でとても大切なことだと心がけてほしいと思います。

## (六) 一秒発注

一日、会社にいる七~八時間の中で、様々な仕事をしていると思います。新入社員は新しいことばかりですが、二年目・三年目になると、毎日のローテーションにしている仕事の他にも、上司からの指示や、新しく任されることも増えてくることでしょう。一日の中で会社にいる限られた時間をどう使うかというのが、この『一秒発注』です。

これは、一秒でできる仕事を見つけるという意味で、一秒というのは極端な例えで、実際には一秒でできることなんてありませんが、メールを送ること、電話をかけること、すぐに処理できるものを早く処理するということです。一日に七～八時間の労働時間で、いかに成果を上げるかを考えて仕事を進めなければいけません。夕方になってくるとだんだん疲

れも出てきますから、作業効率も落ちてしまいます。だからこそ、仕事を受けた最初の段階で、早く処理できるものかどうかを見極める力が必要になってきます。

この『一秒発注』にどんな効果があるかというと、処理を完了した数が多くなるので、その他に手間がかかる仕事に時間をかけられるようになるということです。

上司から指示を出された順にこなしていくのではなく、すぐできるものはすぐに処理をして完了させて、自分の手から離してしまいましょう。

仕事の内容によっては、処理が早くできるけども優先順位が低い、手間がかかるけど優先順位が高いものがあると思います。自身が認識して早くできるのを見極める力をつけることにもつながります。自身で判断できない場合は、上司に「急ぎのものですか？」、「締め切りが先であれば、先に別の仕事から始めていいですか」というように、第一章で述べた『分からなかったら聞く』を実践しましょう。

## (七) 着信履歴・留守番電話は常に意識する

これは、(四)の項で述べた、『電話、メール、FAXを大事にしてこそ一人前』と同じようなことです。電話がかかってきても、着信履歴を見ていなかったり、留守番電話を聞いていなかったりする人がよくいます。打合せ中だったり、移動中だったりなど、すぐに電話を取れない場合も多々あるでしょう。しかし、着信履歴や留守番電話の有無を確認することは、ビジネスシーンにおいて、

必要不可欠な仕事の一つとして強く意識しておいてほしいことです。

何時頃に誰から電話がかかってきて、その内容はどんなことだったかを確認し、すぐに折り返し電話をしなければいけません。「移動中で出ることができませんでした。申し訳ありません」「電話が取れずに申し訳ありません」と一言お詫びを伝え、要件を詳細に伺うようにしましょう。

このように、着信履歴を意識することで、相手への言葉も変わってきます。

また、社内の人から電話がかかってきた場合も同じです。その電話が指示の電話だった場合、それに対してどう答えるか、どう行動するか、その発見を自身でしなければいけません。発見できなければ、今後も仕事を続けていく中で、つながりが弱くなってしまうこともあります。そういったことを回避するためにも、着信履歴や留守番電話を確認するよう意識をし、癖づけていくことが大切です。

## （八）人に疑われないようにする

『人に疑われないようにする』とは、自分が損をしないように行動するということです。そのためには、行動と発言を明確にし、基本のルールである『見たら言う』、『聞いたら言う』ことを実行すれば人から疑われることもないでしょう。そうでなければ、上司からの指示も正確にこなすことができず、「本当にこれでいいと思ったのか」、「今まで何をしていた」と疑いをかけられてしまいます。

上司というのは、部下や仕事に対して責任を持っている立場です。ですから、指示を出す時は、その部下を信用して指示を出しています。疑われてしまうと、信用がなくなってしまい、自身の成長の機会も奪われてしまうことを理解していただきたいと思います。

疑われないようにするだけで、上司とのつき合いも円滑になって、仕事もしやすくなることでしょう。

## (九) リードタイム0秒

(六) の項で、『一秒発注』を述べましたが、この『リードタイム』というのは、待っている時間のことをいいます。『リードタイム0秒』というのはつまり、感じたら即行動する意識を

持つということです。

ビジネスにおいて、待ち時間は意味のない無駄な時間です。「待っている意味はありますか?」と聞けば、多くの人は意味がないと答えることでしょう。ならば、聞いたこと、感じたことに対してすぐ作業に取りかかればいいのです。

『リードタイム0秒』のメリットは、すぐに作業に行動を起こすことで、時間が短縮されて、余裕が出てきます。その余裕が出た分は、他の作業の時間に割いたり、廻りのサポートもできます。自身の自由時間が増えてきます。ですから、指示を受けたらすぐに行動することを意識して行うことが、ビジネスをスムーズにするためにもなるので、意識して行動をしていただきたいと思います。

# （十）探し物は五分、作業は十五分、それ以上は相談

「資料を探してほしい」と言われて、なかなか見つからず、ずっと探し続けていることはないでしょうか。もしかしたら、誰かに聞けばすぐ見つかるかも知れないものを、自分一人で探し続けている時間は大変無駄な作業です。責任感を持つことは大変いいことですが、探し物をするタイムリミットを五分と設定してください。それで見つからない場合は、誰かに聞けばいいのです。一旦五分で探す作業を止め、上司に報告をすると、上司もその先の対応を考えてくれます。いつまでも無駄な時間を掛けていると、「何をしているのか」と疑

われてしまいます。「このあたりを探しましたが見つかりませんでした」という報告が大事なんです。

では、作業の指示を受けた場合はどうするかというと、作業のリミットはまずは十五分と設定しましょう。十五分で一旦作業を止め、「ここまでできました」と報告をするのです。それ以上作業に時間がかかるようであれば、「まだ時間がかかりますが、続けてもいいでしょうか」、「あと何分くらいかかりますがいいでしょうか」というように、確認を取ってください。それがもし早急に必要な場合は、上司も他の人に作業を割り振るなど、適切な指示をくれることでしょう。

なぜこのような言い方をする方がいいかというと、(五)の項で述べた、『謙虚さを持つ』ことが大事だからです。「すみません、私はまだ未熟なので理解が足りなくて」「まだここまでしかできていませんが、他の方に変わったほうがいいでしょうか」と、謙虚になって報告をしてください。そうすることで、上司は今の状況把握ができ、最適な解決法を見つけてくれます。その結果「いつまでかかってるんだ」と信頼を損うこともありません。『探し物は五分、作業は十五分』を目安に、それ以上は相談して、作業を明確化する意識を持って、仕事に取り組んでほしいと思います。

## (十二) 一字一句控える。復唱する

一字一句というのは大げさかも知れませんし、なかなか難しいことだと思います。お客様と話しているとメモを取ることにばかりに意識がいって、話の内容に集中ができないことがあります。しかし、できる限り内容は控えておくように。

メモを取ることは普段からしている人

も多いと思いますが、そのメモ書きを後で見た時に、何のことだか分からなかったら意味のないメモになってしまいます。一字一句とまではいかなくても、やはり内容が分かるくらいまで控えておく必要があります。

では、どうすればいいかというと、ちょっとしたコツがあります。それは、話している内容の時系列で書いていくことです。

具体的に説明をしますと、次のようにポイントを押さえてメモを取ることです。

**①番：○○さんとの○○についての打ち合わせ**
**②番：社長さんが言ったこと**
**③番：こんな話題で盛り上がった**
**④番：その結果○○を社長さんが希望された**

このようなメモを時系列で書いていくのです。そうすれば、どのような話の流れでこういうことを言っていた、と後から思い出すことが容易になります。

また、復唱するというのは、例えば上司からの指示を聞いた時など、ただ単に、「はい、分かりました」というよりも、「これはこうですね。では、こちらはこうして進めていくのですね。分かりました」と言ったほうがいいということです。ただ復唱しているだけですが、復唱することで、上司はこの子は理解しようと努力をしていると安心感が増します。

要点を抑えた内容を控えておくことのコツ、復唱することを癖づけること、これだけで自身にとっても仕事の理解度が深まり、廻りからの信頼を得ることができるので、覚えてもらいたいポイントです。

## （十二）作業前に明細を見る

『明細』とは、作業工程や上司からの指示などにあたります。『作業前に明細を見る』のは、ビジネスマン全員というより、現場監督者に対して実践してほしいことになります。

建築でも工場でもそうですが、これは、会社からの指示内容、今日の作業内容などきちんと把握しておかなければ、正しく仕事が行えないからです。

現場に入ったらまず確認することを毎日の仕事を始めるルーティーンとしま

しょう。

作業前に明細を見ることで、一日の作業内容を把握し、それを朝礼などで全員に伝える。監督者は、それを一日の始まりの仕事だと意識しておく。そうすることで、現場の一体感が生まれ、現場スタッフも状況把握でき、自分が行うべきことが分かります。

監督者は自身がその現場の責任者であり、同時に全てのスタッフに対しての責任者でもあります。自身のルールとして『作業前に明細を見る』ことを行い、一日の終わりには全体の進行状況をチェックして、会社に報告する。会社から翌日、また新たな明細が伝えられるので、またそれを把握し、スタッフ全員に伝える。毎日同じことの繰り返しとなりますが、こういったローテーション作業が、実は仕事の肝となることを認識していただきたいと思います。

## （十三）まずは自分を疑うこと。自信過剰は危険。

自分自身を疑うというのは、自分を客観的にみることですから、なかなか難しいと思います。しかし、自分を疑うことは自身の成長にもつながることです。

例えば、上司から振られた仕事は、その人にこなせると考えた上で割り振りをしています。ですから、できて当たり前と思うことでしょう。しかし、ここで落とし穴があります。「できて当

然」と自信過剰になると、そこで成長の機会を逃し、さらには失敗していることにも気づきにくくなります。

そこで、一度を自分疑うのです。「まだこれ以上できるんじゃないか、別の方法が見つからないか」と。自身を疑うことによって、まだできていない面があることに気づきます。

これは、(五)の『謙虚さを持つ』ことにもつながりますが、自分はできる人だと自信過剰でいると、それが態度にも表れてきます。自分を疑うことをしていると、自然と謙虚さを持った態度になってきます。この『自分を疑う』というルールは、実はプレゼンをする際にも役立ちます。

私の場合、プレゼンをすることになった場合、でき上がったプレゼン内容を見て、これでいいのかなと考えてしまいます。

そこでやることは、最初にでき上がったものを崩し、0から新しいプレゼン内容を考えていくんです。最初のプレゼン内容を作った時の発想と、今の発想が違うこともあるからです。そこで、自分はまだまだできるんだと実感できるようになります。ですから、一度作ったものを崩すには、また最初からやり直しかと恐れる気持ちもあるでしょうが、一度崩すことによって、様々な戦略が生まれてくるので、ぜひ勇気を持って、自身を疑ってほしいと思います。

『自分を疑う』ことは、失敗した時にも必ず自身を支えてくれるものとなります。例えば、何か失敗した時に、人はどうしても「部下が悪い」「業者が悪い」「上司の指示が悪い」などと、保身のために誰が悪かったのかを探してしまいます。そこで「自分が悪いんじゃないか」と疑ってみます。そうすると、自分の悪かったところが発見できることでしょう。自身

を問題の蚊帳の外に置くのではなく、中心に置いて考えることを意識し、経験を積んでいくことで、仕事の面でも人間的にも成長があるはずです。

## （十四）不明瞭はすぐに相談する

基本の五つのルールである『分からなかったら聞く』と似た意味になってしまいますが、『不明瞭』というのは、自己流に考えて行動することです。

どういうことかというと、建設現場で図面を描くとか、スーパーの店頭で、この商品はこの向きで置くとか、勝手に作業をすることがあります。こうした行動は一人の考えで勝手にやっていることで、廻りの誰も、やっていることを知らない。自己流でしかなく、決められた方法とは違います。つまり『不明瞭』であるといえます。そんな時、自分ならこうすると思っても、再確認が必要です。「これはこうでいいですか」とすぐに相談するようにしてください。そうすれば、正しい方法が分かりますよね。

自己流で作業をするというのは、実は自ら作業を難しくしていることでもあるのです。自己流でやり続けて最後の場面でいざできなくなってしまった時、叱られるリスクが高くなり、自分の評価を落としてしまいかねないのです。

考えてもみてください。誰かが自己流でやったことを最後に「できない」と言われたとします。そんな時、「なぜ最初に聞かない

のか、どうして違う方法で作業を進めたんだ」と思いますよね。仕事の作業というのは、これまでいろんな方法を模索して、でき上がったものともいえます。そこに自己流を入れるということは、危険度が高くなります。新しい考えを入れてはいけないということではありませんが、自己流でやりたいと思った時でも、すぐに相談するのがベストです。それを上司が判断して、いいと思ったら取り入れるでしょう。

仕事は自分一人で進めていくものではなく、上司や他のスタッフ、業者、メーカーなど様々な人が関わってくるものです。それらの人たちがどう思っているのかということも考えて進めなくてはいけません。それを理解せずに自己流を押し通すことは、いいことはいえません。『不明瞭はすぐに相談』することで、自身の立場を守ることにもなると意識してください。

## (十五) 電話をかける指示がでたらすぐ対応を

これは、(三)の『電話の報告、行きも帰りも』と同じですが、「電話をかけて」と上司に言われたらすぐにかけるようにしてほしいということです。例えば、上司に「お客様に確認を取ったか、取れてないなら電話をかけて確認して」と言われた場合、今行っている作業が終ってからするのではなく、いの一番に電話をかけるのです。

上司が電話で確認すればいいのではないかと思われる場合もあるかも知れません

が、お客様と接しているのは上司ではなく、あなたです。あなた自身が電話をかけて確認をしなければ、お客様も誰に対して仕事を頼めばいいのか分からなくなってしまいます。それは、あなたの立場を守るためでもあります。すぐに確認してその報告をすれば、それだけで済むことです。今の作業を止めてでも確認してほしいことだからこそ、上司はそのように言っているのです。「今この作業をしているので」というのは、仕事に責任を持っていないように捉えられてしまい、確認が遅くなった分、作業が遅れてしまうことだってあり得ます。だからこそ「電話をかけて」と言われたらすぐにかけるように心がけてほしいと思います。

## （十六）チェックが仕事

仕事の中には『チェックをすること』があります。会社をピラミッドとして考えた場合、上に行けばいくほど、『チェックすること』が重要な仕事になってくるのです。現場での作業や事務仕事の報告書、それをチェックすることが上の立場の人の仕事になります。

逆の立場で考えてみると、自分が行った仕事に対して、報告書にまとめ、上司の印をもらったにもかかわらず、後日間違っていると指摘されて上司は「知

らなかった」と言われたらどうでしょう。責任ある立場なのに、チェックをしていないというのは、あり得ないことですし、上司がいる意味がありません。

例えば現場で、十人、二十人で作業をしている場合、それを取りまとめるリーダーがまずチェックをします。その後マネージャーのチェックを受け、課長、部長とチェックが回っていきます。チェックを重ねるということは、その作業が正しいかどうかを、違う目線で見ることという意味でも重要な仕事です。それによって失敗が見つけやすくなり、チェックをすればするほど効率よく仕事ができるようになります。

チェックをする人は、それが仕事なので、一緒に作業をすることはありません。それでは現場と同じ目線になってしまうからです。会社にいる年数を重ねるごとに、チェックの仕事も増えていくでしょう。それをおざなりにするのではなく、チェックして作業を明確にすることが自身の仕事だと認識して、責任を持つことだと理解してください。

## （十七）確実性を上げるために使ってはいけない言葉

例えばお客様と打合せをしている時や会議の内容を上司に報告するとします。

その時に、「○○だったと思います」という報告を受けても、『思います』という曖昧な言葉では何も伝わりません。それどころか、「お前が話した内容だろう」と指摘を受けます。

『思います』という言葉は、報告の際に、「お前はどう思った？」と聞かれた時に、初めて「私はこう『思います』」と使える言葉です。

または、自分の経験から話す場合に、「この場合はこうなるので、過去にこういうことがありました。だからこのまま進むとこうなると『思います』」など、未来に対して使

う言葉が『思います』なのです。

報告の段階『思います』というのは、その打ち合わせや会議に参加してないのと同じです。基本的な報告の時には確実性を上げて『思います』を使わないようにすることで、立場を守ることにもなりますし、報告を受ける上司も状況が把握しやすくなります。

## （十八）勝つための負けない戦略

これは、営業をする際に、『勝つ戦略を考える』のではなく、『負けないような戦略を考える』ということです。どちらも同じに聞こえてしまいますが、実は全く違ったことなのです。

『負けない戦略』というのは、負けない要素を見つけることです。勝つ戦略なら、テレビやラジオでCMを打ち出す、トラックに広告を描いて街中を走らせる、SNSを使った広告を出すなどの方法が考えられます。しかし、それはあくまでも攻めるための要素であって、負けない要素ではありません。攻める要素はみんなが思いつくものではないかと考えてもらいたいと思います。

では、負けない要素とはどういうものかというと、みんなが発想しないことを考えることです。それには発想力が求められます。負けない要素をたくさん思いついた方が、最終的には勝ちます。それには、リスクを抱えないように考えなければいけないということも覚えておいてほしいと思います。

例えば、東京から大阪にトラックで商品を運ぶとします。勝つ要素であれば、通しで運転していく方が早く着くと考えます。しかし、ここでリスクを考えなければいけません。朝から昼まで運転したとすると、渋滞にはまって到着が遅れるかもしれない。交通量の多い街中を走って事故が起こったらどうしよう。といったことを考えるのです。そうすれば、渋滞しやすい昼に寝て、夜中に走れば渋滞にはまることもありませんし、街中も交通量が少ないから運転技術に不安があっても、街中で事故回避できる率が高くなります。この場合、「夜中に走る」というのが負けない要素となります。

営業で勝つためにローラー作戦をすることがあります。こういう商品がありま す。こっちの商品もあります。そのような悩みには、この商品もおすすめです。など、片っ端から営業電話やメールで商品のアピールをする。でもこの方法は効率が悪くて疲れてしまうだけです。電話をかけること、メールを送ることが『勝つ要素』と考えられます。

『負けない要素』というのは、電話かけたら何％の反応あります。メールを送ったら何％の返事がきます。というように、確率論を考えることです。数打ちゃ当たるにではないですが、どうしても『勝つ要素』に労力をかけてしまいがちですが、労力をかけるのであれば『負けない要素』にかけるべきです。

『負けない要素』を発想するには、まず業界を知ることから始めます。その次に競合会社を研究する。そうすることで、『負けない要素』の発想が生まれてくるのです。『勝つ要素』の思いつきも、経験値ではありますが、知ることから始めなければ勝つことはできません。

それはなぜか、業界は日々動いているからです。業界の今の動き、競合の今の動きを踏まえた上で、「これだったら負けない」という発想が出てこない限り、負けてしまうでしょう。だからこそ、『勝とうとするな』というのが大事なんです。きちんとリスクを考えて、見つけることで、負けない戦略＝勝てる戦略となるのです。さらに言うと「並ばない」「並んではいけない」という発想を見つけることです。

## （十九）つかみが大事

『つかみが大事』には、いろんなことがあります。漫才でも映画でも、最初に心をつかんでおくことで、後々に良い影響が出てきます。例えば、怖そうな顔をしている男性なのに、話してみると実はすごく低姿勢で、丁寧な対応をする人だったとか。たったそれだけで、その人の印象は強く残ります。

『つかみが大事』というのは、人の心をつかむことです。話した時に相手にどのような印象を与えるかが大事です。

特に今はインターネット上でやり取りするこ

とも多くなってきました。ＳＮＳでつながったり、実際に顔を合わせずに画面を通してオンラインで打ち合わせができる時代です。その画面の中で、いかに心をつかめるのか、直接顔を見て話すのとはやはり違ってきます。『つかみ』というのは、丁寧さであったり、面白さであったり、相手に興味を持たせることで、どれだけこちらの懐に入ってきてくれるのか、そこには自身の売りになることがあればいいですね。その売りが、相手の心をつかめる自身の武器となります。

## （二十）信用されるということ

上司や部下、お客様に、会社に信用されるのが、ビジネスを行う上ではもちろん大切なことです。信用されるということは、相手があってこその自分であり、信用されることで、その相手との自分の立ち位置が強固なものとなっていきます。

この人はどういう人なんだろう、何を考えているのか分からない、まだ様子を見ておこうなど、最初は信用を作るのは大変なことでしょう。しかし、相手に結果を求められた時、きちんと結果を出していけるかどうかが、信用されるかどうかの判断基準になってきます。第一章の基本の五つのルールをきちんと身につけ、こまめに報告義務を果たしていく、それを積み重ねていくことで、相手からの信用を得ることができるのです。

## （二十二）上司も叱れない魔法の言葉

第一章の（五）『放置しない』『後回しにしてしまう』『忘れてしまう』のコーナーでも述べましたが、「再確認なんですが」という言葉は魔法の言葉なんです。その言葉をつけ加えるだけで、相手から慎重に仕事をしていると見てもらえます。また、「再確認なんですが」の言葉がないと、「さっき言っただろう」と叱られてしまうことも、魔法の言葉をつけるだけで、叱りたくても叱れないのです。上司にとっても、

この言葉はありがたい言葉になるのです。仕事を理解しようとしている、再確認することで、確実性を上げてくれようとしてくれているんだなという印象を与え、仕事も人間関係もスムーズに行くことでしょう。

魔法の言葉だからと言って、多用するのはおすすめしません。毎回「再確認ですが」と言われれば、「またか」と思われてしまうので、指示が不明瞭な場合や相談をしたい時など、上手に使うようにしましょう。

## （二十二）全ての書類に日付を書く

これはついつい忘れてしまいがちなことなのですが、全ての書類に日付を書くことです。バラバラになったとしても、時系列で揃えることができます。小さなことですが、どれがいつのものだったのか、探したり考えたりする無駄な時間がなくなります。手書きで書いたものは特に書いた方がいいのですが、メールでも同じです。デジタルなものは、少し触っただけでも更新してしまえば分からなくなってしまうので、保存する時に日付をファイル名に入れるようにしてください。

日付を書くことのメリットは、日付がヒントになって、時系列でその物事を思い出すことができることです。

『日付を書く』たったこれだけのことですが、上司から「これいつの話しだっけ」と聞かれた時にも、「確か何日だったはずです」ではなく、「何日でした」と確実にこたえられるようになり

ます。

確実性があるほど、信用度が増し、分かりやすくなる、きちんとした人だという評価にもつながっていき、自身もそれで思い出し、覚えなおすことができるようになります。

## （二十三）返事は『はい』で終わらせない

上司からの指示や電話での応対の時に「はい」で終わってしまう人がいます。「はい」で終わられてしまうと、「本当に分かってるのかな」、「空返事じゃないのかな」と相手は不信感を持ってしまいます。

返事をする時は、必ず「はい、分かりました」、「はい、何日ですね。分かりました」など、

「はい」の後に必ず復唱をつけるようにしましょう。それだけで相手は安心して仕事を任せてくれますし、信用度がアップします。それくらい「はい」の後に続く言葉は重要だと覚えていてほしいと思います。

## (二十四) 眉間にしわを寄せない

これは人によるのですが、よくも悪くも見えてしまう場合があります。眉間にしわを寄せるのは、じっくりと考えているようにも見えますが、「この人は仕事ができないのかもしれない」、「何か不都合なことがあるのかな」

と相手は勘ぐってしまいます。

本当に相手のことを思い考えていたとしても、眉間にしわを寄せない方が、印象もよくなります。眉間にしわをよせるのは、いわゆる顔芸です。相手を不安に思わせる表情はしないように。もし、考えている時に癖で出てしまうのであれば、その癖を直す努力をしましょう。

## （二十五）自分の行動パターンを作る

行動パターンを作るのは、仕事が忙しくなればなるほど、意識してほしいことです。
例として、私自身のルーティーンをお話しします。
朝起きてまずすることは緑茶を飲むこと。それで心も体も落ち着かせます。そしてデスクに座ってパソコンを起動し、メールや郵便物の整理をします。その後、三十分～四十五分間トレッドミルでウォーキングをします。ウォーキング後にサウナに入り、シャワーで汗を流した後、朝食として野菜サラダを食べて、仕事に向かいます。仕事を始めると、すでにメールは整理されているので、このメールは先に処理する、このメールには返信する、これはこういう処理をしようと。このように、スムーズに仕事が始められるよう、このルーティーンができました。

行動パターンを作るメリットは、仕事の効率化だけではありません。人には誰しもうっ

かり忘れてしまうことがあります。書類をどこに置いたか分からなくなってしまった時、行動パターンがあることで、自分ならここに置くはず。何から始めるか分からなくなった時、自分ならこれから始めるはず。などのように、うっかりをしてもそのヒントが行動パターンから見つけ出せるようになるのです。つまり、自分で自分の操作ができるということです。

さらに、メリットはあります。

まだパソコンで書類整理をしていないころ、書類が溢れていました。そんな時でも、スタッフに「あの書類持ってきて」と言ったらすぐに持ってきてくれる。全ての書類管理ができて、お客様には驚かれたことがありました。これも、書類管理のパターンを作ったからです。一冊のファイルの中にパターンを作って、見積もりや打ち合わせの内容も全て書面化していました。それを時系列で並べているので、十年、二十年前の書類もすぐに見つかって、当時の仕事内容を思い出すことができます。

こうしてパターン化することで、いつでも思い出せるので、全て忘れてしまっても大丈夫なのです。忘れてしまえるから頭をリセットして、新しい仕事にも取り組むことができますし、仕事が終われば自分の時間に集中できるのです。
ただ一つの仕事に対して書類をまとめているだけだと、どれが何の書類か分からず、思い出すのも一苦労してしまいますが、パターン化することで、すんなり思い出せるのは大きなメリットだと思います。

整理が苦手な人は、いつまでも仕事のことを考えて、時には眠れなくなることもあるでしょう。しかし、行動パターンを作れば、ストレスも溜まらず、安心して眠れます。オンとオフの切り替えが上手にできるので、そのためにも行動パターンを作ることは、ぜひおすすめしておきたいです。

# （二十六）営業には短期、中期、長期で挑む

営業マンの一年目・二年目の方に伝えたいことがあります。

営業の方法には、三種類あります。短期勝負のもの、二〜三カ月と中期にかかるもの、半年以上の長期にかかるもの。この三種類に当てはめて、それぞれのお客様や案件にかける時間を考えていきます。これを営業マンは自分で常に考えていかなければいけません。

お客様と話すのは、営業マン自身

です。上司には報告しかしないので、お客様の雰囲気や、話したことの意図、それを営業マンが短期か中期か、長期かを判断します。

その判断には、実はコツがあります。それは見積もりの数字です。短期は勝負が早いので、数字が低いことが多くあります。長期であれば、時間がかかる分、数字が大きくなります。その間が中期と考えるのです。お客様の言葉から、それを感じ取ることは、営業マンにとって必須のスキルといえるかも知れません。

## (二十七) 相手を立てる発言

これは、(五) 謙虚さを持つにもつながることです。

相手を立てるというのは、簡単そうで、実は難しかったりします。

営業一筋三十年という上司がいました。その方は営業はもちろんできるし、処理も早い。しかし、新人であった私ですが当時、負けない位の成果をあげていました。上司は私に言いました。「楠本君は成果を上げるし人あたりも良い。しかし、できない事がある。それは相手を立てること」だとおっしゃったのです。

人づき合いには様々なしがらみがあります。その場を理解して、自身をわきまえる。人それぞれに応対の方法を変えていく。相手を立てるというのは、自身とお客様との境界線を作ることで

もあります。例えば業者に対して、「頑張ってくれ」という言葉と「頑張っていただけますか」というのでは、イメージが全く異なります。それは上司やお客様でも同じく、何か結果が出た時に、「これはお前のおかげだよ」と言われたとします。その時に「いえ、一生懸命に考えてくれた方々のおかげで僕はできました」と謙虚な言葉を発すると、上司やお客様を立てることができます。

『相手を立てる発言』は、人間関係の潤滑油にもなります。自分を大事にすることにもなりますから、相手を立てる言葉は覚えておいてほしいと思います。

## （二十八）立場をわきまえる

先ほどと一緒ですが、相手を立てる時には自分の立場をわきまえて対応をしないと誤解されてしまうことがあります。やはりお客様は、どこで、どう感じるかわかりません。「お前、生意気や」とか、「図々しいな」とか、そう思われてしまうと、全部が誤解のまま進んでいって、会話が通じあわず、どうしていいのか分からなくなることもあります。

お客様から「君なら、これができる」、「あなたに任せる」、「あなたにこうしてもらえたらいいな」とお客様が言ってくださったら頑張ればいい。

でも初めて言われた時は、「いや、そこまでは」とお断りするのも立場をわきまえた人の対応の仕方です。二回言われたら「では頑張ってみます」と頑張ればいいんです。自分の立場

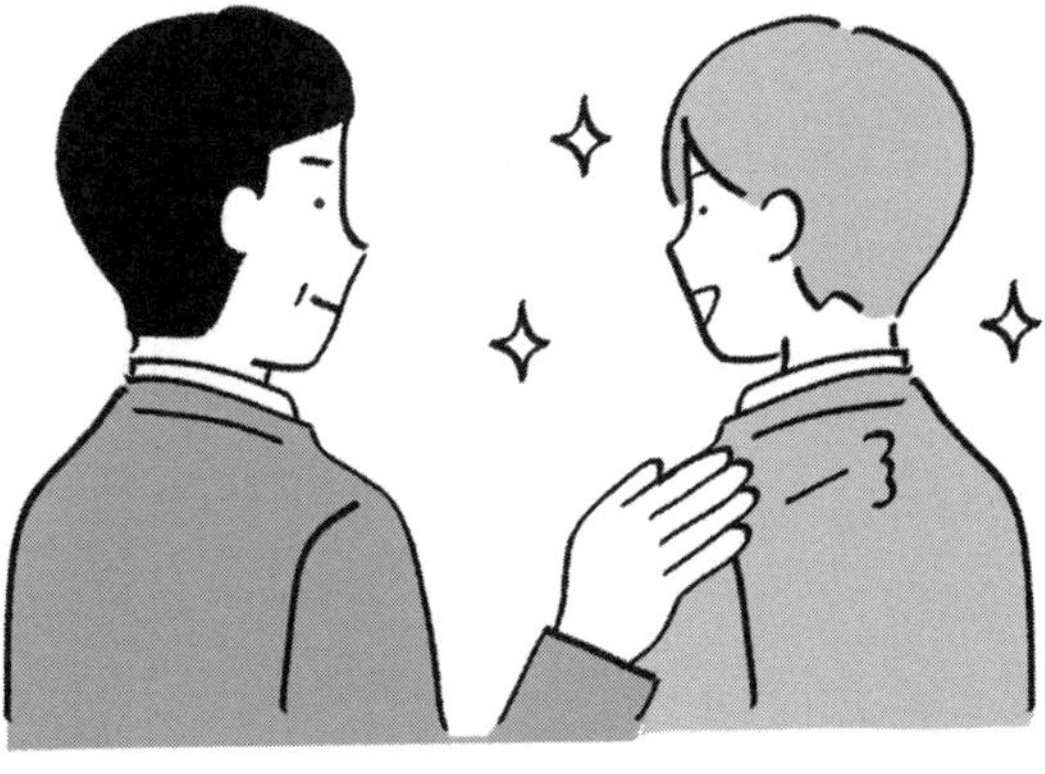

をわきまえて対応することを忘れないようにしてください。好印象をもって頂けるかも知れません。

## (二十九)初めて会う人の前でパソコンを広げてカチャカチャしない。

最近大卒の子で会議や打ち合わせなどが始まると、「いいですか」と言ってパソコンを取り出して広げ、平気でカチャカチャ打ち始めます。多くの新聞記者がいるような記者会見場でやるのはわかりますが、お客さんと一対一でいる時にパソコンを広げてカチャカチャやるのは相手に失礼だし、絶対にやってはいけないことです。その場に居合わせていたら「それ本気でやってんの」「ダメだね」と言います。

初めて会う人とは、ちゃんと目を見て話しをしないといけないのに、本人の視線はパソコンに向かっていて、会話にならないことだってあります。

メモできないのであれば、録音して、後で文字を起こして、記録文書にすればいいだけです。なぜ若者がカチャカチャしているのを上の者が聞かないといけないのかと思います。耳障りだし、話の鼻を折ってしまうと思ったことはないのかと質問したいほどです。カチャカチャすることがいかに相手に失礼なことかを理解するようにしましょう。さらにはスマホのメモを使って記録する方がいますがしっかりと内容を把握しているとは思えません。本人の印象が悪くなると思います。

## （三十）廻りを見て空気を読むように。

廻りを見ることによって、今自分は何をすべきなのか、どうあるべきなのかを把握して行動するようにしましょう。

空気を読んでいなかった場合、自分は浮いていることすら分かってなくて、うっとうしがられることもあります。新人一年目、二年目というのは空気が見えていない。空気が見えないからこそ、しっかり考えて、こういう時はどうあるべきなのか、廻りを見て、上の人たちの行動を見て、把握して、対応をしていくようにしましょう。

言葉を発しなくてもいいと言っても、やはり見て聞いて、あるいは状況を見渡して自分の存在位置を把握するようにしてください。そうすると何か発言しないといけないことがあっても、話す内容を間違わないし、今これを言ってもおかしくないし、勘違いされないとかも分かります。、そういうことも踏まえて、廻りの状況把握は大切です。

## （三十一）ビジネス上、天然はない。

天然な性格は何歳まで通用するのかというと、フレッシュな社会人一年生ならまだ許されるかもしれません。年齢関係なしに、天然の表現がかわいいと思っている人であれば、何も問題ないでしょう。天然には許される天然と許されない天然があるということ。関西であれば、その場を楽しくするために、漫才のようなボケをかましているんじゃないかと思う人もいます。でも、そのボケに「もうちょっとしっかりしてね」というつっこみが入って成立すればいいけど、そうでなかったら「何を言っているんだろう、この人は」と思われるだけです。

もし仮に、三年目、四年目で天然をやっているのを見たら「お前何してんねん」と言います。そういう子に限って天然というのを褒め言葉と勘違いして、いつまでも天然でいようとしてる節もあります。

ビジネス上、天然というのは、できるだけなくした方がいいと思います。天然は自然に悪気なくずれた行動や言動をしてしまった結果だと思います。できるだけ天然と言われない行動や言動が信用を築いていくことでしょう。

## (三十二)『私だったらこうします。』と意見を言う

これは、職場だけでなく、得意先にも使える言葉です。例えば、得意先にいくつか提

案をした場合、得意先に「この中から検討をお願いします」と言ったとすると、その判断は、得意先に委ねることになるのです。相手に委ねるということは、自分が最後には逃げられるようにしているともいえます。得意先は判断をするのではなく、その提案をしている人が何を考えているのか、どういう結果が得られるのかを知りたいのです。

AとBとCの提案があるとすると、「Aはこうなります、Bはこうなります。Cはこうなります。でも御社の立場で考えると、私だったらCにします」という意見を求められているとしたらしっかりと自分の意見を言って、話し合いをすることによって、得意先との意

思疎通が図れ、意見がまとまり、得意先も納得して判断することができます。
判断を相手に委ねることで、得意先から、頼りないという印象を持たれてしまう場合があるので、しっかりと自分の意見を言うべきだと私は思います。

上司と部下の関係も同じです。上司が「これをして、あれをして」と指示するのはいいんです。しかし、入社して一年、二年、三年経ってくると、仕事の流れも分かってきます。そこで、「私はこうだと思いますが、こうしていいでしょうか」と意見を言う。上司との上下関係が強い場合は、部下は上司に意見をなかなか言えないことがあります。上司も部下に注意しにくいという風潮が今はありますが、やはり、「君はどうしたい？」と意見の言い合いができる環境やシチュエーションを作らないと、今の若い社員たちは、自分がどうするべきなのか分かりにくいのではないかと思います。若い社員も、学力があるとかいい大学を出ているとかありますが、意見が言い合えない環境だと辞めてしまう人も多くなってしまいます。自分で考えることもキャリアアップと言いますが、人として、人生を豊かにすることを考えれば、やはり人間関係をしっかり作れる状況が必要なのだと思います。

「私だったらこうします」その意見は間違っていてもいいんです。意見を言ってくれることが上司も喜びますし、お客様も前向きに考えてくれます。そこで「あなたはこう言ったじゃないか」と責められたら、それは人間関係の作り方が間違っているということです。だからトラブルが起きてしまいます。

私はいろんなところで経営に携わってきましたが、今まで一度もトラブルになったことはありません。それは、私が自分の意見を言って人間関係作りを重視したからです。ですから、会社内においても、意見が飛び交うような環境を作っていくことが会社にとっては重要なことなのではないかと考えます。

## （三十三）相談相手を作る

相談相手というのは、上り調子の人や、飛ぶ鳥を落とす勢いがある人こそ作るべきです。具体的には、入社後一年頑張ってきて、三年や五年である程度の数字を上げている人や工場で責任のある仕事を任されている人など、中堅の位置にいる人です。

というのも、職場で中堅の立場になった時、一番怖いのは相談相手がいるかどうかなんです。これは私の実体験でもあるのですが、独立して頑張って売上を上げることができて、同級生よりも稼いで贅沢な暮らしをしていました。

そんな時に、やはり人は魔が差すというか、天狗になってしまいます。私自身も天狗になってしまい、廻りが見えなくなっていたんです。もしあの時に相談相手がいれば、人から見れば「それくらい分かるだろう」ということも見えなくなっていて、大事なことを見落としていたということがありました。そんな状況下で自分で判断し、自分で決定を下すこともありますが、相談相手がいて、一度聞いてみようと思っていたならば、自分を守ることもできたんです。

第二章の（二十一）でも述べたように、「再確認ですが」というのも、相談相手を作ることの一つです。聞くことによって、自分が間違っていないか、自分の意見は正しいのかを再確認することができます。そして、自分が迷っている時に、本当はAだけど、Bも考えてみようか。Aだと思うけど、他の人はどう思うのかと聞くことが大事です。これは意外と若い社員に有効な場合があります。上司から部下に聞いた時、「そう思うのはどうして」となって、前項で述べたように、意見交換して人間関係作りにもなるのです。上司は、「そういう意見もあるのか」と、新鮮な意見として捉えてくれます。相談相手は、老若男女どんな人でもいいんです。

実は私は、相談相手がいなくて何千万円も騙されたことがあります。今考えるとなぜ騙されてしまったのか分かりますが、当時は本当に悔しくて、天狗になっていたことで、相談相手がおらず、廻りが見えていなかったことで騙されてしまったんです。

人というのは、とても弱くて、その時の状況で廻りが見えなくなることがあります。例えば家族が病気だったり、事故にあったり、健康診断で引っかかったり、いろんな状況で廻りが見えなくなる時があります。私の場合は天狗になっていたことで、私は絶対にできる人間だ、同級生に絶対勝つんだと思っていたら、その環境や状況に逆に、負けてしまったんです。その時に、自分はとても弱い人間だなと感じました。

こんなことも見えない自分がいるのが情けなくて、相談相手がいれば、騙されることもなかったと思ってからは、相談相手を作るというスタンスを常日頃持っておこうと思いました。

相談相手を作る考え方を持っていると、迷うこともなくなります。私のように騙されることもありません。未然に犯罪に巻き込まれなくて済むこともあるかも知れません。だからこそ、相談相手を作るという考え方を持ってほしいと思います。

## （三十四）ツキは一瞬、運は一生

この言葉は、私がとても尊敬しているM氏から習った言葉です。ツキというのは、例えばラスベガスのスロットマシーンでコイン二枚で大当たりが出た時などです。ツキというのは一瞬のできごとです。一方、運というのは、一生をかけて自分で掴むものです。

二十七歳の時、最高経営者訓練というのがあり、その時に靴下メーカーの創業者であるO社長に出会いました。O社長に教え

を乞うていた時によく言われたのが「運を味方につけろ」でした。私が何千万円も騙された時に支えてくれた方の一人です。

騙された当時の私が最初にしたことは、和歌山県にある高野山に行くことでした。高野山には弥勒石（みろくいし）というのがあり、それを片手で持ち上げれば一願叶うというものでした。まだ若くて銀行でお金の借り方すら知らない私ができるのは、弥勒石を持ち上げることしかないと思い、何度も行って、何度も持ち上げていました。すると、何千万円という借金を、七カ月で返済することができたのです。

返済が終わった時にO社長に報告に行きましたところ、「それは想念だと」と言われました。借金を返すという想いを念じることが大事なんだと。その想念と運を味方につけられたんだ、だから返すことができたんだと、O社長は話してくれました。また、「王道に勝る王道はない。まっすぐ生きていけ。まっすぐ一生懸命頑張ってたら、それを見てる人間がたくさんいる。それを見ている人間が君を応援するだろう」と励ましをいただきました。

騙されたことを話した人の中に、デザイン会社の杉本社長がいらっしゃいます。杉本社長は、騙されたことを一通り話した後、私の肩を叩き、「私も一生付き合うから安心しろ」と言ってくれました。それを言われた時、すごく辛い状況だったんですが、少し救われました。

こんなふうに、人の言葉で、人は励まされるし、あるいは傷つく。それまで自信家だった私ですら、こんなに弱い人間だったことが分かりました。それまでは絶対誰にも負けない精神力があると思っていました。父を早くに亡くし、母の面倒も見て、鍛えられてきた自負がありました。だけど騙されてしまったんです。

ツキは一瞬、運は一生というのは本当にそうだと思います。

【コラム】

**運をつかむために三人の師匠に教わったこと**

私には師匠と呼ぶ方が三人います。その方々は、私に運をつかむチャンスを与えてくれた方で、今の私があるのも、お三方のおかげだと思っています。余談にはなりますが、お三方とのエピソードを紹介します。

・靴下メーカー創業者O社長

O社長とのエピソードはたくさんあり、中でも印象に残っているのが、O社長には「本を読め」といわれたことです。

「本の中には、自分の知らない世界があり、山登りの時のコンパスや地図のようなものなんだ。本から得たことは自分の頭の中に入れ込んで、どちらに行こうかなときちんと考えろ」。

私は本を読むのが好きではなかったので、ほとんど読むことはなく、そのせいかたくさん悩みましたし、騙されたりもしました。その時にO社長の「本を読め」という言葉を思い出し、O社長が言っていた、本は山登りの時のコンパスや地図だという言葉が身に沁みました。それからは本を読むことで、免疫とノウハウがたくさんついたと思っています。その後もたくさんピンチがありましたが、考え方を変えることができたのです。

O社長は他にも、「人間というのは、いつか死ぬものだから、死生観持って生きなければいけない」とも言っていました。これは、人生の最後をどうやって死ぬかを考えるということです。いつ死ぬか分からないんだったら、全力で頑張るしかない。自分のキャンバスが白ならば、好きな絵を描くために人生を一生懸命やるしかないと教えていただきました。

また、「世のため人のためにやれ」ということも教わりました。仕事は金儲けではなく、世のため人のためで金儲けは片手間ですることなんだと。私は父を早くに亡くして本当にお金には苦労してきました。そのせいか、何とかお金を稼ぐんだと自分で自分を鼓舞してきました。だけどO社長に、何のために仕事をしているかと聞かれた時、「お金を稼ぎたいんです」と言ったら、「そんな人生おもしろくないぞ」と言われてしまいました。お金に執着するのではなく、誰かが喜んでくれる仕事を目ざし、そして納税することで人を助けることになるから、世のため人のために働けと言われました。

・U社K会長

納税することについては、U社K会長にも「税金を払え」、「税金を払わなかったら銀行は味方しない」と言われました。十億までは自分が一生懸命頑張って頭を下げていけば銀行から借りることができる。十億からは銀行の方から借りてくれって言ってくるから、立場が変わるんだということを言われ、驚きました。そのぐらい借りられる信用をつけるために必要なのが納税だと。頑張って納税しろと言われたんです。

「売上じゃない。納税額が重要だ」と。

・大阪の華僑さん

騙された当時に相談した中の一人に、大阪の華僑さんがいます。大阪・梅田のど真ん中のビル中にある事務所に相談をしに行きました。そしたら、「そうか、何千万円も大変やな。でも楠本君、ほら見てみ、外晴れてるやろ。楠本君の頭の上には雨は降ってないで。ちょっと借金増えただけや。頑張ってやってたら絶対返せる」って励ましていただきました。その言葉で私は七カ月必死に働きました。返せた時に一番に報告に行きましたら、私の両手をつかんで、「すごい心配してたんや。よかった」ってすごく泣いてくれたんです。

これらの方々との出会いは、私にとって運をつかむチャンスを教えていただいたと言っても過言ではありません。

これらの方々から学んだことは、考え方をしっかりと持つこと。考え方を持つまでの前段階で何がいるかというと、やはりルールなんです。

野球をするにもルールを知って、実践して自分なりのバッティングやピッチングを作っていきます。それと同じで、ルールがないと考え方のピントが合いません。ルールがあってこそ、世間を知ることができます。人とどう付き合ったらいいか、どう認められるのかというのは、ルールがあると早いんです。そのルールのもとで、自分のビジネスキャンバスに向かって自分の思いを描いていく。それが人生だと思います。

人生は難しいことがたくさんあります。騙されて苦労した私でも、今は銀行から十億以上借りれるようになりましたし、銀行と深い付き合いもできるようになりました。ルールが分からなければ事故もするし、怪我もする。それを防ぐためには、まずルールを覚えることが大事だと思います。

# (三十五) 人生は掛け算、自分が0なら意味がない

これも前項の私が尊敬するＭ氏から聞いた言葉です。人生は一生懸命頑張っていれば、その時に0じゃなくほんの少しでも頑張って、1や2になるように努力をしなさい。そうすると、自分の目の前にチャンスが必ずやってくる。チャンスが来た時に自分が何もしなければ0のまま、しかし、0でなければ、頑張った結果が二倍も三倍にも四倍にもなります。それが人生の掛け算です。

私が幼少の頃、祖母に「努力に勝る天才なし」と言われてきました。

人生は一度きりですから、自分の夢をあきらめてはいけない。いつ死んでもいいと思える、死生観を持って、いつ死んでもいいような気持ちを持って頑張らなければいけないんです。

逆に嫌いな言葉もあります。それが「正直者は馬鹿を見る」です。正直者は馬鹿を見る時もあるかもしれない。でもいつかは花が咲くんだと思っています。

大輪の花が咲くかもしれない。そのきっかけはたくさんあります。特に二十代・三十代は正直にがむしゃらに頑張ればいいと思います。そうして努力をしていくことで、自分が0ではなくなるのではないでしょうか。

## (三十六) 夢は大きく根は深く

これも尊敬する方に教えてもらった言葉です。

夢は大きい方がいいのはもちろんです。根は深くというのは、人脈や経験値のことだと思います。根が深ければ深いほど、簡単に夢はなくなりません。夢に対して自分がしっかりとした根を持っていると、夢を支えきれるだけの自分も作られるのです。人脈をたくさん持ち、努力してノウハウを得て、自分自身を形成することによって、考え方も変わって、夢の実現に近づくのだと思います。

## （三十七）原理原則を考え、原因結果を追求する

太陽は東からのぼって西へ沈む。これは原理原則で、誰がどうしたってても変わらないことです。人の考え方においても、誰が何をしても変えられないものがあります。いろんな考え方があり、確率論もありますが、その確率論に対して、自分が仕事をしている中でいい結果でも悪い結果でもその原因をきちんと考えて分析することが大事です。いい時も悪い時も原因と結果があるように、人間の感情や流れ、世の中のことの原理原則で人間界のことを考える。会社は何時から始まって何時に終わる。その中で何が

できるのかを考えることが大切です。

これは余談ですが、私が会社を立ち上げた当初は、一日も休みませんでした。それこそ夜中まで仕事をして、他の仕事も掛け持ちをして、そんな中で、大変お世話になっている会社の社長さんの奥様が亡くなられたと連絡がありました。私は仕事の調整をして、夜中ですが、作業着のままお通夜に向かいました。普通に考えると、作業着で夜中に伺うのはとても失礼なことです。しかしその社長さんとご家族に大変感謝していただきました。その後、私の仕事をしてくれるようになり、応援してくれて、仕事の幅が広がりました。

また、得意先へ夜の九時に電話をかけたこともありました。普通に考えると夜の九時に仕事の電話なんて叱られることもあります。しかし、「こんな遅くにすみません、○○の件で、見積もりを作ってるんですが、業者も一緒に残ってもらって、どの提案をさせてもらうか考えてるんですが、どうしても意見を聞きたくて、お電話をかけさせていただきました」と言ったら、得意先の方には驚かれましたが、自分のために必死にやってくれていることに喜んでいただきました。

あるいは、ゼネコンが手掛ける大きい現場で、クライアントの代行業としてコンサルで現場に入った時、オーナーがタバコを吸っていないのに、職人がタバコを吸いながら作業していました。それを見た私は、なぜタバコを吸っているのかと叱りました。オーナーのことを理解して仕事をして、現場をきれいに納めたい思いで叱ったので、職人には申し訳なかったのですが、オーナーからは感謝されました。

人には気持ちもあるし、普通ならこう考えるというのがあるんです。でも人の気持ちを理解しなければいけないのです。気持ちを理解することで、大きな組織も味方についてくれます。ですから、原理原則を追求するということは、ルールも大事ですが、時には非常識さも必要で、そこでお客様の気持ちをつかめるかも知れないということを考えてほしいと思います。

# （三十八）もうダメじゃなく、まだダメだ

「まだダメだ」というのは、諦めるなということです。もうこれ以上は無理だと考えるのではなく、もうひと踏ん張り頑張ってみようということです。そうすると、さらにもうひと踏ん張りできます。例えば、腕立て伏せをすると、十回でもうダメだと倒れてしまっても、やっているうちに回数を増やしていけます。それと同じように、人生においても、「もうダメだ」と諦めるのではなく、あと一回、もう一回と努力することが大事だよというのが、この言葉の真意です。

## （三十九）仕事は丁寧に、丁寧に、さらに速さを

線を一本引く、文字を書く、報告書を書く、作業をする時は、まず丁寧にすることを心がけてください。丁寧さを覚えると、コツをつかめて、結果仕事が速くなります。速さだけを優先すると、乱雑になってしまうことがあるので、まずは丁寧にすることが大事です。仕事に慣れてきたら速さが必然的についてくる場合もあれば、速さを意識しなければいけないこともありますが、でも丁寧さを考えた上で、速さを追求していくという心構えがなければ、仕事は成り立たなくなります。

## (四十) 備えあれば憂いなし

　これは昔からある言葉ですが、仕事というのはもうまさに『これ』なんです。簡単に言うと、想定することです。お客様はどうする、業者さんはこうするという想定です。要はシミュレーションができるかどうかということになります。シミュレーションができていれば、この場合はこの資料を、こっちの場合はこの資料をと、第二章の(十三)の項でも挙げましたが、シミュレーションをして、それを崩す、これを何回繰

り返せるかで、備えの幅も広がってきます。「想定内です」と言うことを聞いたことがあるかと思いますが、この想定内というのが、シミュレーション力です。

事故というのは想定外が起こった時のことですが、ハインリッヒの法則で、「一件の重大事故の裏には二十九件の軽微な事故と三百件の怪我に至らない事故がある」というのがあります。三百の焦ることがあれば、二十九人はケガをして、一人死亡する事故があるということです。これも同じで、想定することで未然に防ぐことができることもあります。電車の事故や車の衝突事故は、誰も想定できないことです。

「備えあれば憂いなし」というのは、単に在庫を増やすことではありません。あくまでもシミュレーションをして様々な要望に備えるということです。マニュアルを作るだけでは想定することはできません。シミュレーションは無数にできるものですから、「備えあれば憂いなし」というのは、シミュレーション力をつけ、自分の身を守り、成長できる方法であると覚えていただきたいです。

## （四十一）数字に強くなる

数字に強くなるというのは、あえて隙（すき）を与えないということです。詳しく説明をすると、社長や上司が数字に強くなければ会議はまとまりません。

こういう人間が、こういう仕事をすると、原価はどれだけで、人件費がどれだけかかって、売上がこれくらいになるという感じのことです。今からの時代は、社長や上司は当然数字を知って

おかなければいけませんが、それだけでなく、中間管理職や末端の社員も数字を意識しなければいけないと思います。数字に強くなって、そこに人の動きが重なる、そこに数字を掛け合わせて結果が出てくるのです。社会人として数字に強くなるということを心がけてほしいと思います。

## （四十二）二十代三十代はがむしゃら四十代になったら先も見よう

コンサルティングやっている中での経験から述べます。二十代・三十代は、一生懸命に仕事をしていればそれでいいと思います。その努力が後の人生を豊かにしていくと思います。しかし、四十代になると一生懸命仕事をするだけではダメになってしまいます。

会社でも中間層になってくる年代で、六十五歳で退職するとした場合、自分はどの立場で仕事をすればいいのか、この先どんなことをしたいのか、色々思うことが出てきます。やはり、先を考えて、自分の人生をシミュレーションしていく。その上で、自分がどう頑張っていくのかということがすごく重要だと思います。家族だけじゃなく、世間における自分の立場をどのポジションに持っていきたいか。それによって人生の豊かさが変わるということです。

# 第二章　仕事のルール

【コラム】

## ネット社会に加え、新型コロナウイルスのせいでまともな社員教育を受けている人が少ない？ルールを知る人は今こそ、言葉に出して伝えてあげよう！

今の若い人というのは、頭のいい人が多いなと感じます。というのも、昔と比べ、パソコンやスマートフォンを使って、インターネット、SNSを使いこなすだけでなく、新しいデジタルツールも難なく使いこなせています。そして、デジタル社会では、北海道から沖縄までどんな地域にいても、知らない人とも交流ができます。このように、デジタル社会は情報のスピードが速い。それに対応できているという現実を見て、若い人は頭がいいと思います。

情報を人から人へ伝達しようとしたとします。ネット社会の今では、そういう方法では、情報の速さに対して遅れてしまいます。何かわからないことがあれば、検索でなんでも出てくる時代ですから、例えば、魚のさばき方が分からなければ、動画サイトで見ることができます。それを考慮すると、人から人へという伝達方法はもう存在しなくなってきたと言っても過言ではないかもしれません。

私はたくさんの不動産も経営していますが、デジタル社会だからこそ、契

約までのスピードの速さは昔と全く違います。地方から都市部に引っ越してくる人が、インターネット一つで部屋探しから入居の予約までできてしまう時代です。部屋の中も三百六十度見渡せます。昔であれば、地方から都市部で暮らそうと思ったら、一度現地にきて、不動産屋を探し、部屋を探して物件を直接見に行かなければ、部屋を借りることができませんでした。それがインターネットで全て完結するのですから、考え方が昔と全く違っています。

しかし、ネット上で完結してしまうせいか、そこで人間関係を築くことが難しくなってい

ます。もし会社で面接から入社のための必要な書類作成までやってしまうことになったら、それは組織として成立するでしょうか。私は成立しないと思います。

仕事のマナーは分からなければ、調べれば出てきます。しかし、それは絶対的な正解ではありません。人は人の顔を見て、「この人はどういう人か」「頑張っているんだな」と、顔を合わせるからこそ分かる人柄があるものです。

デジタル社会のメリットは、情報が速いので、時間が無駄にならないこと。デメリットは、情報の真偽が分からないことだと思いま

す。口コミでも鵜呑みにしてしまうことがあります。それと同じように、人はSNS上でその人の本心や本当の性格を見極めることができない、良い人も悪い人も分かりません。

だからこそ、人間関係の構築を大事にしていかなければいけないと思っています。そのための新人教育でもあるのですが、近年の新型コロナウイルスでまともに新人教育を受けられていない人も多いでしょう。それは大事な機会を逃してしまって、かわいそうだなとも思いますが、大事なことを知る人は、言葉に出して伝えていってほしいと思います。

# 第三章

# ルールがない会社の損失を招いた四つの事例

今、どうしてビジネスルールを説いているのかというと、一つの会社で長続きせず、数年で退職・転職する人が増えていることを懸念しているからです。昔は定年まで同じ会社で勤め上げる人が多くいました。ステップアップのための転職ならいいでしょうが、会社の社風に合わない、上司とそりが合わないと言って、退職する人が多くなっています。それはやはり、ルールができていないことが根本にあるのではないかと考えています。昔と比べて、現代は連絡ツールや業務内容など、デジタルの発展と共に進化してきましたが、基本的な人づき合いのルール、仕事のルールというのは変わらないものだと思っています。

ルールが身についていないことで、業務に様々な支障をきたしてしまいます。第三章では、私が多数の会社で顧問として携わってきた経験から、ルールができていなかったから起こった四つの事例を紹介します。

## 事例①
## 『基本の五つのルール』ができていなかったために起こったこと

ある社長から愚痴を聞かされたことがありました。それは、社員が受けた追加依頼の報告がなかったため請求を出すタイミングがなくなってしまったということです。

どんな報告がなかったかというと、クライアントであるお客様から、社員に仕事の依頼を掛けたことでした。お客様が社員に依頼をしたところ、社員は「はい、分かりました」と返事。その社員は続けて、「うちの社長にも言っておいてください」とお客様に言ったそうです。

しかし、社員はお客様から受けた依頼を社長に報告することを忘れ、数カ月後に「そういえばお客様からこういう依頼がありました」と思い出したように報告をあげました。それを聞いた社長は、「なぜ今頃それを報告するのか」と、報告が遅れたことを尋ねると、「お客様に、社長にも伝えてくださいね」と言ったからだということです。

この時点で依頼を受けてから数カ月が経っていました。それは追加の依頼だったそうで、全ての作業は進んでしまい、社長に報告が上がっていなかったために、お客様に何カ月も請求をあげていませんでした。

お客様も忙しかったのか、社長に追加の依頼があることを連絡しなかったようで社員に伝えているからいいだろうと思ったようです。一方で、社員からすると、「お客様に、社長に伝えてください」と言ったことで安心していました。しかし、本来であれば、社員から社長に報告するべきことです。そうすれば社長はお客様に改めて電話して、追加の見積もりを提示し、請求する関係性ができていたことでしょう。何カ月も経ってから報告が上がってきたとしても、社長としては、今さら請求することができません。なぜなら、社長からお客様に連絡しなかったことで、お客様からしたら「サービスでやってくれていると思っていた」と言われかねません。報告義務を怠るような管理体制のなっていない社員がいると思われるのも嫌だから、お客様に言いにくい状況になっていました。

このような請求漏れを未然に防ぐには、やはり社員が耳で聞いたことを口に出して言うことが大事です。「報連相」の一環でもあります。お客様からの依頼があった時、すぐに上司である社長に報告をしていれば、請求ができたはずです。社員は会社の代表としてお客様と触れ合っているのですから、「見たら言う、聞いたら言う」を正しく実践すれば、会社の損失を防ぐことができました。１社員といっても会社の利益につながることはいずれ自分にも跳ね返ってくるという認識を持ってお客様と向き合っていただきたいと思います。

## 事例②
## お客様からもらったものを報告しないと起こること

次も『基本の五つのルール』ができないために起こったケースです。

建築現場で、お客様から現場監督、職人たちにお茶をごちそうしてもらうことがあります。このように、お客様からの心づけは現場でよくあることで、営業や事務仕事で普通に行われているシーンです。

お客様から心づけをいただいた

時、当然ながら直接受け取った方はお客様にお礼を言うことでしょう。しかし、それだけで終わってはいけないのです。

①と同様に、お客様からしてもらったことに対して、上司に必ず報告をしなければいけません。それにも関わらず、上司に報告が上がってこないというのは、現場でお礼を済ませているから、それでいいと思ってしまっているだけです。そこにいない上司は、お客様から部下が心づけをいただいたことは見ていないので、報告しなければ把握できません。そうすると、上司はお客様に改めてお礼を言うことができないのです。

もし、子どもが友達のお母さんからジュースをもらったのであれば、相手の親に、「うちの子がジュースをいただいたようで、ありがとうございます」というお礼をするでしょう。子どもがお礼を言ったから、親は何も言わなくていいということにはなりませんよね。それと同じです。

上司は部下の行いに対して責任があります。報告がなければ、社長はお客様にお礼も言えません。それを自分がお礼を言ったからと完結してしまうと、お客様からすれば、「社長から何も連絡がない、この会社は大した管理体制じゃないのだな」と思われてしまいます。お客様と会社の信頼関係が崩れてしまうことに発展することもあります。逆に、上司からすぐにお礼の電話があれば、お客様が受け取る印象も「管理がきちんとされているしっかりした会社だな。安心して任せられる」となります。

私は社員にまず、お客様に何かしてもらったら、全部私に報告をしなさいというルールを教えています。これはなぜかというと、お客様は社員と社長のつながりを見ているからです。例えば、お客様から「何日に行きます」と社員に伝えた場合、お客様から電話があった時に私が報告を受けていれば、「聞いています。何時にしましょうか」と言えます。それでお客様は私

と社員は信頼関係が構築された密接な関係であると判断されます。

また、お客様に私の人脈を紹介する時も同じです。紹介する人には「全て報告してください」と伝えています。なぜなら、紹介した責任が私にあるからです。基本のルールを守らなければ紹介をしないとも言っています。

私にまず報告と相談をするのが筋ではないでしょうか。報告がなければ、私の顔を潰すのと同じです。その責任が理解できない人とは仕事をしたくないと思ってしまいますよね。

さらに、「楠本さんならどういうかな」と考える人がやはり仕事ができる人で、売上もどんどん上がっていっています。

## 事例③
## 無意識にお客様に失礼な行動をとった時に起こること

社員の方からすると「お客様に失礼な行動をするなんもってのほかで、そんなことするわけありません」と思われた方もいるのではないでしょうか。しかし実際に、失礼なことをしているという意識がなく、無意識に失礼な行動をとっている人がいます。

実際に次のようなことがありました。

お客様のところへ新人と共に打ち合わせに向かった時のことです。打ち合わせ中、新人はメモを取っていました。ここまではいいでしょう。

ですが、ふとした時に、ペンをクルクル回し始めたのです。ペンを回すのが新人の癖だったのでしょう。しかし、それを見たお客様は怪訝《けげん》な表情をされました。

このように、無意識にしたことでも、相手に不快な思いをさせることもあって、そういう行動は相手に、とても失礼に当たります。「話が長すぎたかな」「きちんと話を聞いているのかな」と、きっと相手は思ってしまいます。

そんな無意識な行動こそ、意識しなければ直りません。新人だけでなく、社会人何年目という方でも直せていないこともあるので、仕事を覚えることはもとより、自身の癖も見直し、失礼に当たる行動はしないように心がけしなければ、信用を失うことにもなりかねないので、注意が必要です。

ちなみに、ペンをくるくる回していた新人は、その後すぐに退職してしまいました。

もう一つの失礼なケースは「遅刻」です。別の社員は、遅刻をする子でした。遅刻は、よっぽどの理由がなければしてはいけないことだと誰しも分かるでしょう。もし遅刻しそうになっても、「電車が遅延し、十分ほど遅れます」と連絡あればまだいいですが、連絡もせず遅刻をしていました。その会社はお客様から多くのクレームを受けていました。その遅刻常習犯の社員は、最終的に上司と同席したお客様との打ち合わせの際、上司の横で寝てしまったそうです。ありえない行動に、部署を移動させたら、移動先での自分の立ち位置が気にいらないと、自分のプライドばかりを掲げていたその社員も結局は退職しました。

ペンをクルクル回すことも、遅刻をすることも、お客様の前で寝ることも、社会人としてありえない行動です。会社の信用も落ちてしまいます。

## 事例④　入社後すぐ退職する人が多い会社で起こること

入社して、やっぱり社風が合わなかった、上司と合わなかった、思っていた仕事と違ったということがあるかと思います。入社しなければ、職場の雰囲気も分かりませんし、人には相性がありますから、全員が全員に合わせられないという意見は理

解できます。

しかし、そこに努力があったのでしょうか。

実際に半年で退職を希望した新人がいました。当人に退職理由を聞いたところ、「全く違う仕事がしたい」と言い出しました。これには開いた口が塞がらないという言葉がぴったりだと思ったできごとでした。

会社としては、募集要項や入社面接時である程度の仕事内容は理解していると思っています。そして、入社半年で、仕事の全てを見たような言い方に疑問を感じました。

そういう人は、面接が頂点だと考えている人が多いのではないかと思います。面接に通って、入社できたことで満足をしてしまう。だから、安易にやめる選択ができるのだと思います。

会社が求人を出すのは、人材が必要だからです。一人が抜けてしまうと、その穴埋めを既存の社員で行うか、さらに新人募集をしなければいけません。

また、自分が入社したことで他の誰かが入社できなかったことに思いがおよんでいるでしょうか。このような人は上司との意思疎通ができないことがほとんどです。だからこそ、上司はビジネスのルールをきちんと部下に伝えなければいけません。社員全員に共通するルールがあれば、誤解なくすすめられる仕事もたくさんあると思います。短期間で辞めてしまう社員も減るかも知れません。

新人は会社にとって貴重な人材です。その貴重な人材が辞めていくのは会社にとって損失でしかありません。その損失をいかに抑えるためにも、このようなルールブックから新人教育を始めてみればいいのではないかと思っています。

【コラム】

## 最後にもう一度伝えたい八つのこと。ルールブックはあくまでもきっかけに。

### ①報連相がなぜできない

本書の最初に述べた「報連相」。これがなぜかできないという人も実はいます。「報連相」では理解できないのです。報連相とは、報告・連絡・相談ではありますが、それがなぜできないのか。それは、現代社会に原因があります。今はパソコンやスマートフォ

ンで調べれば何でも出てきます。ＡＩもあります。そこに自分の求めている答えがあるので、何かを問えば、何らかの言葉が返ってきます。ですから、報連相ができないのではなく、もはや、報連相の時代ではなくなってきているのです。

**②上司たるものたくさんの考えを持たないと今の若者が理解できない**

自分の時間を楽しみたいとい考えた時、、それは単に時間を楽しみたいのか、あるいはお金を稼ぎたいのか、楽して稼ぎたいのか、仕事を充実させたいのか、いろんな考えが出てくると思います。今の若い人たちは、この選択肢がすごく広いのではないかと思います。自分の時間を楽しむということだけでも、彼女とデートをすること、趣味に没頭することが考えられます。お金を稼ぐにしても、世界中を旅行したいから、スーパーカーに乗りたいから、お金稼ぎたいという人もいます。お金稼ぐのであれば、楽して稼ぎたいとか、仕事を充実させてやりがいがある上で稼ぎたいとか。一昔前の人の考え通りには、今の若い人はいきません。

その代表的なのがＬＧＢＴではないでしょうか。ＬＧＢＴという言葉も昔はありませんでした。でも今はそれが表に出てくる時代です。それはやはり、自分の時間を楽しむということも含めた、意見を言えるのかどうかです。

昔は選択肢がなかったかというとそうではなく、街頭テレビでは力道山がプロレスをしている。王・長嶋といった野球界のスーパースターがいて、正義に立ち向かう仮面ライダーがいる。そういったように代表的なキャラクターがいろんな形でいて、それに憧れて目指す人がいました。今は、そのキャラクターが山ほどいて、山ほどのシチュエーションがあります。

人間関係にしても、旦那さんも奥さんもいらない、お一人様で一人の時間を楽しみたいという人も増えてきています。昔なら結婚しなければ、なぜしないのか、責められていたでしょう。仕事をするにも、カフェでヘッドホンをしながら一人でパソコン作業をしている人があちこちにいます。

このように、多種多様な考え方を持った人間が同じ空間にいるということを、上司は理解しなくてはいけないのです。若い人はこうだと単純にひとくくりにはできません。そこは、上司もたくさんの考え方を持っていなければいけないのです。

### ③人間関係を作りにくい時代こそやらなければいけないこと

世間には多種多様な人がいます。昔は女の子がお茶を汲むものが当然のことのように考えられていました。でも今は考え方も多種多様です。それに気づいた人は、女だからお茶を汲めということは言わないんです。違った方法で仕事をしていても、個人の考え方があると思ったら、叱れない。でも一方で、叱らない上司は頼りない、面白くないからといって、仕事を辞める人がいる。ならばどうすればいいのかと思ってしまいますよね。そこで必要になるのがルールなんです。

考え方も多種多様になってきた現代は、人をまとめることができなくなっています。近い将来、人をまとめる役はＡＩに取って変わられるかもしれません。でもそんな時代になってはいけないのです。辞める時も代行業を使ったり、ＬＩＮＥで送ってきたりするだけで、自分では言わない人も増えてきたと聞きます。そん

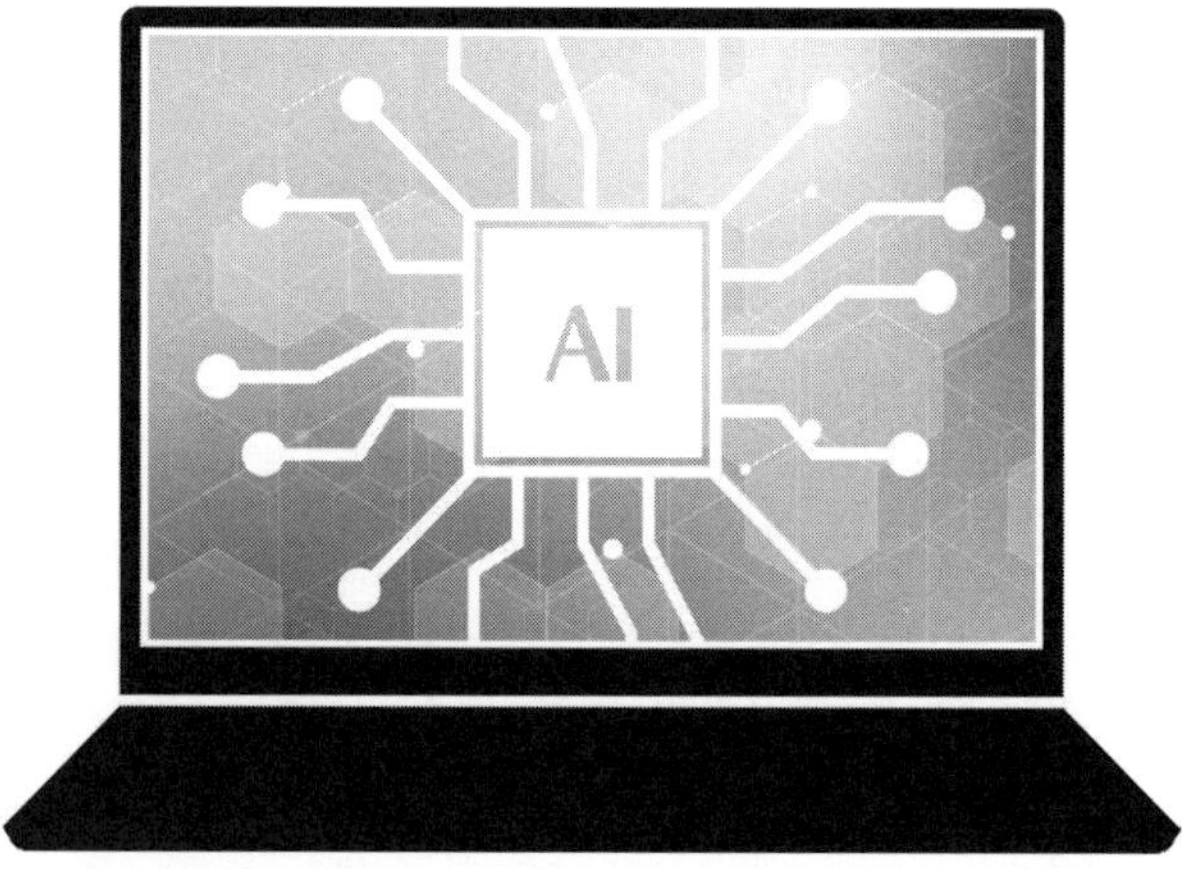

な人ばっかりになってしまいそうな環境の中で、どうすればいいのか、上司はみんな悩んでいます。しかし、そこに一つのルールを作って、注意していこう、こういうルールでやろうという環境作りをしておかなければいけないのではないかと思っています。新型コロナウイルスでリモートワークが増えた今、よくも悪くもやっぱり人間関係作りが難しい時代になってきているなと感じています。

### ④スキルが欲しいのは分かる。その前にルールの徹底を

上司にあんな仕事がしたい、こんな仕事がしたいというのはいいですが、でもそれはルールを徹底理解した上でスキルを欲しがらないといけません。ルールを徹底するまでは、簡単な仕事しかさせてもらえません。それは、ルールができていないと教えにくかったり、叱れなかったりするためです。もっと伸びたい、もっと成長したいというやる気はいいです。でも習う側も教える側も双方ともにルールがないので、腫れ物に触るよう

になってしまうのです。だからこそ、ルールがあったほうが、部下も頑張れるようになると思います。ルールを勉強してみることで、若者は重宝がられ、職場の環境も変わってきます。ルールというのは、環境を整えることだと思ってください。

### ⑤早まるな相談相手を選ぼう

第二章の（三十三）で、相談相手を作ると述べましたが、実は誰でもいい訳ではありません。ダメな相手に相談してもダメなんです。自分の中に迷いがある時に誰に相談したらいいかを考えてください。相談相手を選ばないと、自分の人生が変わってしまうこともあります。仕事を辞めたいと思った時にも、まずはよく考えて相談相手を選ば

ないといけません。シミュレーションの話しもそうですが、シミュレーションを分析する際、間違った考え方があると、結果自体が全てが崩れてしまいます。だからこそ、ルールがあって、経験値がある人を相談相手に選ぶべきだと思います。

**⑥材料探しがすぐできる。すぐできる作業はすぐやる**

第二章の（九）リードタイム0秒でも伝えましたが、すぐできる作業はすぐにしましょう。例えば、ネットで調べてと言われ

たら、すぐにできます。このようにすぐできる作業というのがあります。これはすぐできると思ったらすぐにすればいいんです。

これは、自分の中で仕事の見極めをするということです。調べものなのか、作業が必要な物か、作業をさせるものか、どうすれば効率がよくなるのか、その見極めが大事です。その見極めをして、考えた上で指示するということです。

## ⑦勘違いは嘘と一緒

これは実に奥深い言葉だと思います。「勘違いしていました」、「こうだと思ってたんです」というのは、結果として、できていないということです。上司からすれば、

「できるって言ったじゃないか」となりますよね。できると言ったから信用して任せたのに、勘違いしていましたというのは、いい訳です。「嘘」というのはきつい言い方になるかも知れませんが、結果、嘘をついたようなものです。言い訳ではなく、結果をもたらすような動きを普段からきちんとしておけば、「勘違い」もなくなるのではないでしょうか。

## ⑧三年かけて教えて辞められたら教えた側のエネルギーの無駄使い

これは、本当に無駄なことだなと思っています。習う側はキャリアアップといって、三年後にやめてしまうと、一生懸命に教えた人たちが、そのエネルギーの無駄になると思ってほしいです。そんなことなら、教える側も教えたくなくなってきます。やめるもやめないも自由だといったらそれまでなんですが、教えた側の気持ちっていうのもやっぱりあります。それを無視してしまうと、人を雇いたくなくなり、アウトソーシングや

ＡＩで十分だとなってしまいます。それではダメだというのは分かってもらえると思います。ですから、教えた側のエネルギーを無駄にしないようにするためには、やはりルールを踏また上で、ちゃんと教え込み、人間関係を作ることが必要なんです。そうすれば三年や五年で辞めたいと思わず、教えた側にとってもエネルギーの無駄にならないのだと思います。

**【結論】**

結局ルール作りというのは、人間関係を作るということです。そのルールを持って会社がまとまるのです。そのルール作りが人間関係を作り、会社の防御になり、みんなが成長できる会社になる。ネット社会はすごく便利ですが、ネットに答えを求め過ぎて、人間関係がだんだん希薄になるのはもったいないことだと思います。このルールブックを通して人間関係を見直すきっかけになればいいかなと思います。

# おわりに

この書籍を出版するに至ったきっかけは、私自身が部下に対して、あの時こうすればよかった、こう言ってあげればよかったと、今も心残りになっている思いがたくさんあることに気づいたのがはじまりでした。

社会人経験を何年も積んできた方なら、自然とできることも、新人ではできないことがたくさんあります。このようなルールを新人教育として徹底することで、新人のためだけではなく、上司や会社の未来へもつながっていきます。

しかし、実は新人だけでなく、何年も務めている方でも、基本のルールができていない人もいたりします。

本書は、新人教育だけでなく、ビジネスマン何年目というキャリアを持っている人にも、仕事のバイブルとして活用してほしいと思い、執筆いたしました。本書を手に取っていただいた方から、後輩や先輩、上司、社長へと広がり、ルールが整った働きやすい会社を作ることに役立てていただけることを願っています。

今の若者は、頭のいい方が多い。時代に柔軟に対応できる反面、会社に長くいることはなく、数年経てば転職をする人がほとんどです。これは、今の時代の働き方ともいえますが、一つはルールができていないというのも原因としてあるのではないかと思っています。

分からないことはインターネットで検索すれば、何でも出てきて調べられます。そういったことに慣れてしまった人が、ルールもなく、自分の思い込みで確認もせずに仕事を進めていってしまっては、人間関係も形成されないし、会社の体制も

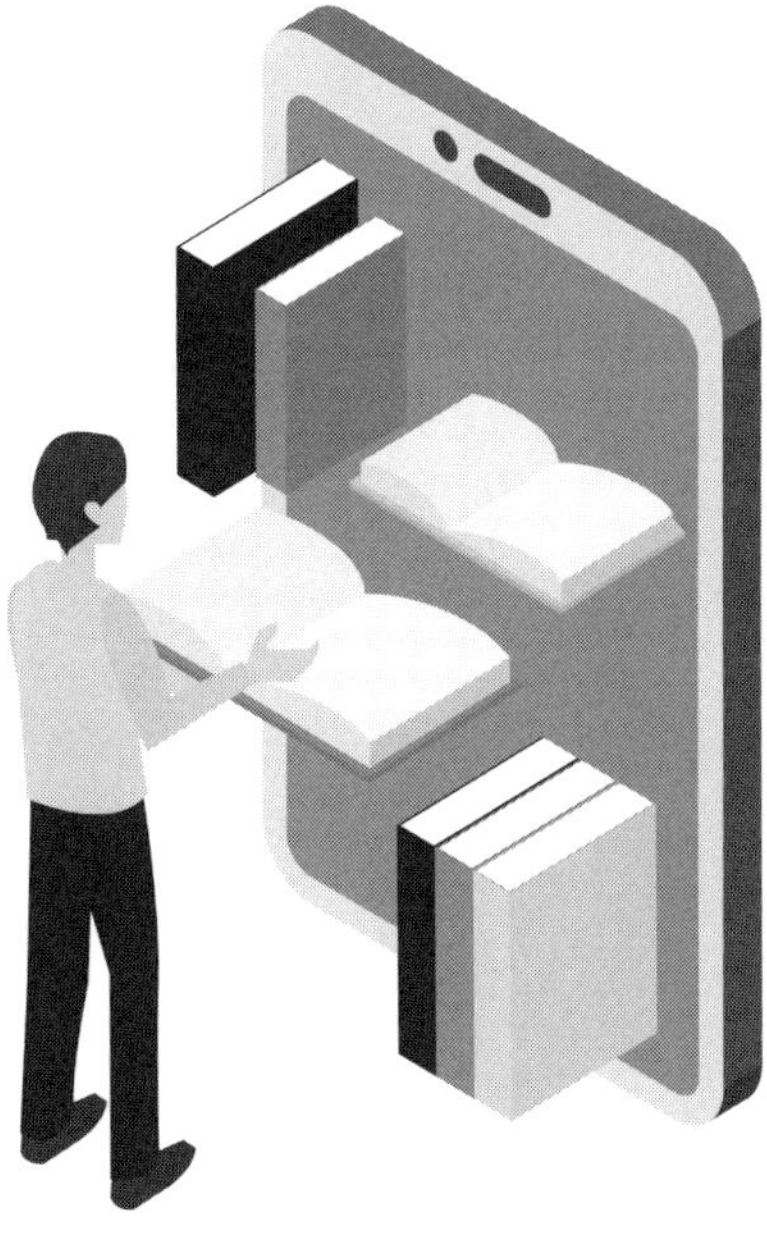

崩れていってしまいます。

会社には責任者もスタッフもいて、人間関係が発生します。人間関係を円滑にし、かつ仕事をしやすいようにするためにも、ルールが必要です。特にこの数年は、新型コロナウイルスの影響で、人と接する機会も減ってしまいました。新入社員教育もままならない状況になっています。それは会社にとっても新入社員にとっても、大きなチャンスを逃していると感じるのです。

本書がこれまでに失った機会を埋めるものになること、そして若い世代が上司として責任を持つようになった時に、部下の指導をするためにも、本書を活用していただけたら幸いに思います。

二〇二三年五月

楠本公哉

プロフィール

**楠本 公哉**

1968年生まれ大阪市出身。関西を中心に首都圏をはじめ全国各地で、新築プロデュースや賃貸リノベーション提案、自社保有マンション経営、オリジナル建材の開発販売を行う株式会社アップ（大阪市北区）代表取締役。全国賃貸住宅新聞等のセミナー講師を務める他、各地で講演。不動産会社経営コンサルタント、管理会社のマネージメントやリフォーム会社や建築デザイン会社の顧問、その他異業種の経営コンサルもこなし、月に10数回の勉強会も行う。融資折衝を得意とし、家主地主へのアドバイスや異業種からの賃貸マンション経営参入を推奨、多数実践。『負けないマンション経営のエッセンス』（2014年 澪標）、『カモ　マンションを背負ったカモにならないために』（2020年 澪標）も好評。

ビジネスに失敗しないための
ルールブック

発行日　2023年6月10日
著　者　楠本公哉
発行者　松村信人
発行所　澪標
〒540-0037
大阪市中央区内平野町2-3-11-202
電話／FAX　06-6944-0869
ホームページ　http://www.miotsukushi.co.jp/

編集協力　カルデラ株式会社